EDITION ANTHRAZIT
IM DEUTSCHEN LYRIK VERLAG
DLV

Zur Autorin

Tanja Temme, geb. 1973 in Brühl, machte nach dem Abitur von 1993 bis 1996 eine Ausbildung zur Ver- und Entsorgerin, Fachrichtung Abwasser, bei der Stadt Köln und arbeitet seit 1996 in diesem Beruf. Aufgrund spiritueller Erfahrungen führte ihr Weg sie 2007 bis zur Reikimeisterin und -lehrerin.

Tanja Temme

Der Tanz mit dem Prinzen

Gedichte

edition anthrazit
im deutschen lyrik verlag (dlv)

Der Tanz mit dem Prinzen

Oh bitte ...
... bitte, leg mich nicht gleich fort.

Halt nur einmal ganz kurz inne.
Bitte dich kurz um das Größte, was du mir schenken kannst.
Ein winziges Stück deiner Aufmerksamkeit in deiner langen Lebensspanne. Nur für mich, obwohl du mich noch nicht mal kennst.
Erlaubst du es mir, für nur kurze Zeit deine Gedanken zu gestalten und zu schmücken, dann verspreche ich dir, weißt du sehr viel mehr von mir als ich je von dir.
(Was wirklich schade ist!)
Versuch, für einen Moment die Welt aus meinen Augen zu betrachten und laß dich verwundern, was du erblickst.
Vielleicht nicht immer einfach, das mag sein, aber hat es alles seinen Grund.
(Für mich)
Falls du jetzt schon müde meiner Worte, dann leg mich besser weg.
Genügend war deine Aufmerksamkeit. Durfte ja gerade als fremde Stimme in deinem Kopf herumspazieren.
(Sah übrigens sehr interessant aus dort drinnen!)
Jeder, der jetzt noch weiterliest, dem sei tunlichst gesagt:
Findest du dich als Antwort auf meine Fragen wieder, dann mach dich mir bitte bemerkbar.

Ungefunden und ...

Wellen aus Wasser,
die Diener des Windes.
Woge auf Woge, so scheint der Befehl.
Schwappen seicht durch das Meer an Tropfen,
welche sich treffen seit Millionen von Jahren,
um zu berichten vom feurigem Fels und salzigem Stein,
vom hohem Himmel und dem grünen Gras,
welches sie getroffen auf ihren Reisen durch die Welt.
Mit ihrem Herrn, dem Wind.

Die Wellen des Wassers.
Mal sanft und leise,
mal hart und brechend.
Gehorchen zu Tag und zu Nacht ihrem Herrn
und erschüttern die Oberfläche des blauen Naß.
In einer Pfütze, nicht erkennbar,
welch elementare Kraft sich in ihnen birgt
und welch Zauber sie oftmals umspült.
Kann sich ihr Herr nie im Spiegel betrachten,
sind doch seine Diener ihm immer voraus.

In fremder Ferne schweift sanft dein Atem
über das Meer von Tropfen,
die unter deiner Stimme anfangen zu vibrieren,
gleich dem Flügelschlag von Libellen,
erhebst dich selbst zum Herrn der Wellen
und sendest eine Woge aus Sehnsucht über den Ozean.

Bald kaum noch mit dem Auge zu sehen
und doch nicht verschluckt von der See,
wird sie getragen bis zum anderen Ende der Welt.

Durchtränkst mit deinem Hauch die Sinne der Fische,
läßt sie erzittern und die Richtung wechseln.
Orientierungslos,
rascheln mit ihren Schuppen vor Erregung.
Sind selbst ganz benommen von der Melodie deiner Worte.
Verseelt und bezückt von den Liebkosungen deiner Lippen,
die über das Wasser streifen und es liebevoll streicheln.

So lausche ich dann
Tag für Tag,
Jahr um Jahr
deinem liebevollen Flüstern.
Sauge mich voll wie ein Schwamm
mit den Schwingungen deiner Laute
und nehme sie tief in mir auf.
Sachte beginnt mein Blut, dem Rhythmus deiner Worte zu folgen,
und läßt die Feuchtigkeit meines Körpers erbeben.

Zerrt wie ein Strudel an meinem Puls,
der gefüllt ist mit Hoffnung und Leid.
Sein Sog entreißt mir deinen unbekannten Namen
und läßt ihn verwehen wie Schnee im Sturm.

Sehen wir in der Nacht dieselben Sterne?

Mich dürstet nach deinen Berührungen,
die du mir schon in *Träumen* geschenkt.
Doch so sehr ich auch versuche, in deinen Wellen zu ertrinken,
sie reichen nicht aus, um mich ganz damit zu bedecken.
So harre ich fast atemlos,
benetzt von deinen Worten,
am Ufer der tiefen See und lausche.
Sende meine stillen Seufzer mit dem Nebel zu dir zurück,
in der Hoffnung, deine Seele möge meine Antwort erhören.

Einzig die Gezeiten sind die stummen Zeugen meiner Sehnsucht,
dich endlich zu finden.
Mit jeder Brandung brechen sie ihr Schweigen
und schmettern ihr Wissen an feurigen Fels und den salzigen Stein.
Ich bin ihrer Sprache leider nicht mächtig.
Verstehe deinen Namen nicht.

Und so wie die Diener des Windes das Antlitz ihres Herrn
im Spiegel des Wassers hinfortspülen,
so verschwimmt auch dein Gesicht im Fluß der Tropfen,
ohne von mir erkannt zu werden.
Oder sind es die Tränen meiner Schwermut,
die mir die Augen verschleiern
und deinen Anblick verwischen lassen?

Werde ich dich jemals finden?

Lasse mich vom Regen übergießen und fühle deine Nähe,
mit jedem Tropfen, der meinen Körper berührt.
Perlen, die die Haut umspülen.
Warmer Sommerregen,
ein Erguß,
der mir die Sinne zu rauben droht.
Was mir bleibt, ist der Dunst meiner unerfüllten Leidenschaft,
der emporsteigt in den hohen Himmel über das grüne Gras.
Vielleicht zu dir zurück?

Die Welt ist zu groß.
Werde dich nie finden.
Werden uns nie finden.
Und schicke eine Träne in den hohen Himmel,
angereichert mit meiner unendlichen Liebe zu dir,
in der Hoffnung,
sie möge dich finden
und sich über dich ergießen.

... ungehört

Des Nachts,
wenn sich meine Gedanken vom Tag entfernen
und hineintauchen in die Welt des Scheins,
zucke ich erschrocken im Schlaf zusammen,
wenn deine Hand mich warm am Bauch berührt
und mich hinabzieht
in die Tiefen meines Traumes
an deinen erregten Körper.

Fassungslos von deiner Nähe,
benommen vom Glück deiner Gegenwart,
versuche ich, nicht mit abzutauchen.
Pendele lieber voller besinnungsloser Freude
zwischen den Grenzen von Traum und Sein
und vergesse bald darauf,
in welcher Welt du eigentlich lebst.

Umschließt du mich gänzlich
mit deiner Gier
nach mir.

Ergreifst mich
in nicht enden wollendem Verlangen.
Hältst mich fest umschlungen,
um mich der Wirklichkeit auf ewig zu entreißen
und mich nicht mehr preiszugeben.

Werde von deinem Begehren nach mir
ganz benommen
und zärtlich erdrückt.
Breche ein auf dem Eis der Leidenschaft
und lasse mich von dir auffangen
in den Tiefen der Gewässer.
Möchte mich von dir nicht mehr lösen,
mit dir verschmelzen.

Versuche, unter den Ansturm deiner Küsse
deinen Namen zu erfahren.
Doch zu schnell saugt meine Haut die Buchstaben auf,
die wie Honig von deinen Lippen tropfen
und mir meine Lust versüßen,
auf ewig dein zu sein.

Betäubt von dem Duft deines Körpers,
krallen sich meine gekrümmten Finger ins feuchte Bett
und zerreißen Kissen und Laken.

Meine Stimmbänder vibrieren,
wie Saiten einer Harfe,
die du durch deine Bewegungen,
mal sanft, mal stark,
zum Schwingen bringst
und ihnen Töne aus meiner Kehle entlockst,
über die ich nicht mehr Herrin bin.

Kann ich mich selbst aus dem Schlafe reißen?
Angst sprudelt langsam in meine verzauberten Gedanken!
Werde unruhig.
Kenne deinen Namen nicht.
Die Nacht ist viel zu kurz.
Versuche, in blinder Verzweiflung
dir meinen Namen zu nennen.
Schreie dich an.
Suche mich!
Finde mich!
Ich bin kein Traum,
mich gibt es wirklich!

Ich schau in dein Gesicht,
und es reißt mir die Luft aus dem Körper.
Dein Anblick erschlägt meine Hoffnung.
Finde ich doch in deinen Augen
die gleiche Traurigkeit und tiefe Verzweiflung,
die auch in meinen Augen zu finden ist.

Wer von uns beiden hat nun geträumt?

Ich erwache,
liege allein
mit dem Ticken der Uhr im Zimmer.
Habe mich kein Stück gerührt.
Der Atem geht schwer.

Lasse mich sogleich wieder in den Schlaf fallen.
War unsere Zusammenkunft doch anstrengend
und möchte ich über deinen Verlust nicht weiter denken.
Erfüllt von zerreißender Wehmut,
die meine Wimpern mit Tränen befeuchtet,
hoffe ich tief in mir,
daß du beim Erwachen
dich an mich erinnerst
und in verwirrter Erinnerung
meinen Namen nennst.

Denn ich bin so wirklich
wie du.
Du mußt nur daran glauben.

Lange gewartet

Habe lange darauf gewartet,
hatte nicht mehr daran geglaubt.
Warst nur in meinen Träumen,
warst real mir schon geraubt.

Vergeben auf ewig,
gebunden bis zum Tod.
Habe Ehrfurcht vor der Ehe,
selbst in meiner größten Not.

Doch nun steh ich hier und warte,
die Seeluft schlägt mir ins Gesicht.
Hast dich entfernt von deinem Versprechen
und dich getraut, mich anzusprechen.

Bin nervös, fang an zu zittern,
das Pochen im Hals macht mich fast taub.
Warte unruhig auf dein Erscheinen.
Beobachte stier die Bewegung von Laub.

Jahre sind durchs Land gezogen,
schon lange sind wir uns bekannt.
Alles war klar abgesteckt,
hatten uns nie in was verrannt.

Doch ständig war da ein Feuer zu spüren,
ein Knistern, ein Beben, wenn wir uns gesehn.
Konnte nie mit dir darüber reden.
Bist ja vergeben, das wirst du doch verstehn.

War oft am Zweifeln, ob ich mich so täusche,
daß alles nur in meiner Phantasie.
Dein Lächeln, deine Blicke,
die werd vergessen ich nie.

Haben uns stillschweigend verstanden,
selten man so etwas findet.
Wir sind geschaffen füreinander.
Es ist ganz klar, daß sowas bindet.

Hatten uns flüchtig mal kurz berührt,
kurz uns zu lang in die Augen geschaut.
Doch nie darüber ein Wort verloren.
Hatten uns einfach bis heut nicht getraut.
(Nur still davon geträumt!)

Bis zu unserer letzten Begegnung.

Etwas in dir hat sich befreit
und sich seinen Platz gesichert.
War wie betäubt von deinen Worten,
hatte nicht einmal gekichert.

Bist zerrissen, sagst du mir,
möchtest dich mal mit mir treffen.
Schon jahrelang da quält dich was,
kannst es nicht einschätzen und messen.

Blicke, die schon längst verstehen,
werden schweigend ausgesendet.
Mein Magen krampfend, im Handumdrehen
wurde das Gespräch beendet.

Nun steh ich hier und warte.
Das Laub, es tänzelt vor den Augen.
Sehe die Welt um mich nicht mehr,
möchte diesen Moment einsaugen.

Zucke ganz plötzlich erschrocken zusammen,
wird doch behutsam mein Arm berührt.
Da stehst du nun, willst etwas sagen.
Habe noch nie im Leben solch ein Glück verspürt.

Willst mich küssen, kommst mir ganz nah,
du streichelst mir sanft das Haar von der Wange.
Meine Augen verschwimmen tief in Tränen,
haben wir doch auf diesen Augenblick gewartet,
so unendlich lange.

Die innere Stimme

Schließe deine Augen
und gib der Mauer einen Stoß.
Wo bist du nun,
was ist dein Traum?
Erzählst du es mir?
Mir,
deiner inneren Stimme?

Bei dir,
ganz nah,
das wünsch ich mir.

Träumend, seufzend,
aus tiefsten Herzen schlummernd,
erobern Bilder meinen Geist.

Auf einem Feld voll Wiese und Korn.
Ein Wäldchen uns zu Füßen liegt
und uns frohlockt in die angenehme Kühle,
mit einem Rauschen voll frischem Laub.

Frühlingsmorgen,
Sonnenschein,
primavera, spring, sei frei!

Verschlucke mich an der Leichtigkeit der Luft.
Möchte in deine Augen schauen.
Deep, deep, so piepst der Vogel,
und ich fall in sie hinein.
Schenk mir ein Lächeln.
Eines, welches alles erklärt.
Den Frühling,
das Glück,
die Liebe.

Absorbiere jede Faser der Natur
und überschütte dich damit,
wenn du willst.
Doch sei gewarnt!
Würde dich übergießen wie Lava aus einem Vulkan,
mit der Größe eines Ozeans.
In Liebe schwimmen will gelernt sein.
Möchte dich nicht ertränken,
doch wünsche ich mir still,
du würdest darin untergehen.

Dies ist mein Bild,
was ich vor Augen habe.
Kannst du es sehen?
Kannst du es spüren?

Es ist der Tag,
an dem meine Sinne vor lauter Glück betäubt werden.

Sag mir,
wird es ihn geben,
diesen Tag?

Du wirst diesen Tag noch finden,
doch dafür mußt du aufrecht gehen,
denn Glück liegt nicht auf der Straße,
sondern kommt dir entgegen.
Sei also wachsam
und lauf nicht daran vorbei.

(Und dann wirst du mich sehen!)

Der Tanz mit dem Prinzen

Ich fühle mich gänzlich umwoben von ihm.
Von dem Glanz seiner Anmut im wärmenden Kerzenschein
des geschmückten Saals.
Umströmt uns die Melodie zum Tanz,
gleich einem göttlichen Engelsgesang,
der die Liebe preist.
Sie ummantelt uns
und schenkt uns
unseren eigenen Raum – unsere eigene Zeit.

Ein Moment,
der durch seine Vollkommenheit
ewig bleibt.

Unser Hochzeitstanz.

Binde mich an seine tiefen, liebenden Blicke
und lasse mich von ihm durch die verzauberte Welt führen.
Auf dem Parkett des Himmels.

In schwindender Erinnerung verliere ich den Blick für die Gäste,
die uns umgeben
und uns mit den Tränen ihrer Freude beschenken.
Doch verschwimmen meine Blicke selbst in einem See aus Glück
und Liebe.

Denn in des Prinzens Augen zu schauen heißt,
den Kristallsee eines Vulkans zu erblicken.
Ihm durch sein Haar zu streichen,
die Erinnerung an Samt und Seide in mir zu wecken.
Seine Wange zu streicheln
gleicht dem Berühren von unbefleckter Kinderhaut
und erinnert an eine jungfernhafte Schneelandschaft.
Seine sanften Lippen zu erahnen heißt,
vor dem Eingang des Paradieses zu stehn.
Ihn in meinen Armen zu halten bedeutet,
Gott selbst zu lobpreisen.

Ja, mehr als glücklich darf man mich nennen.
Es ist der Tanz für die Ewigkeit,
und Gott segnete ihn.

Er ist des Prinzen Vater.
Der König.

Werde in deinen sicheren Armen der Geborgenheit an ihn erinnert
und schenke ihm ewigen Dank,
denn als er dich zeugte – mein Prinz –,
muß er es in reiner und grenzenloser Liebe getan haben.

Berühre im Tanz mit meinem Geist den Ursprung der Schöpfung.
»Frieden.«

Unser Hochzeitstanz.

Der Kuß des Prinzen

Gleich einer Sternschnuppennacht
umrauscht mich das Gefühl seiner Gegenwart.
Er steht in der Tür und betrachtet mich.

Er nennt mich sein Reh.
Erhaben schön;
meinen schlanken, leuchtenden Hals im Mondlicht rasend,
pochend zu erkennen.
Ein Windhauch weht durchs geöffnete Fenster,
getragen von einem schweren Duft des Orients,
so scheint es mir,
und läßt mein Kleid für die Nacht erzittern.

Des Hirsches Gang ist erhaben.
Er schreitet auf mich zu.
Umschließt mich gewandt doch sachte mit seinem linken Arm.

Gleich den Wellen einer unruhigen See
berauscht mich das Gefühl seiner Nähe.
Spüre seine warme Hand durch den dünnen Stoff meines Kleides
auf dem Rücken.

Er nennt mich seine Sonne.
Die strahlende Anmut meiner Gesten ließen ihn wohlig erschaudern
und weckten die tiefsten, unerfülltesten Sehnsüchte in ihm.
Der Hauch seines Atems berührt mein Gesicht
und läßt meinen Körper vibrieren.

Er streift mit seiner Hand
mir über Wange und Haar.

Gleich dem Schauer eines warmen Sommerregens
berieselt mich das Gefühl seiner Berührung.

Er nennt mich seinen Engel.
Unsagbar liebend und himmlisch.
Barmherzigkeit und Güte,
die ich ihm schenke.
Sein Herz hätte nie zu träumen gewagt,
solch unermeßliche Liebe je zu begreifen.
Er senkt seinen Mund flüsternd an mein Ohr.

Er nennt mich sein stilles Gebet.
Nacht für Nacht an den Vater gerichtet,
ihn bittend um das schönste und kostbarste Geschenk auf Erden.

Unvergleichbar.

Es schwinden Sinn und Verstand.
Mir schwindelt vor Liebe.
Die Wärme seines Atems trifft meine hoffenden Lippen
und läßt meinen Körper erregt frösteln.

Werd nur noch von Ferne seiner Worte gewahr:
»Du bist mein Licht in der Finsternis.«
»Du bist mein Wasser des Lebens.«

Sehnsucht,
die nie größer war.

Ein stiller, flehender Ruf in mir:

Bitte!
Liebe mich!
Jetzt und ewiglich!

Auf meines Geistes und Körpers Flehen
folgt die glühende Antwort.

Seine Lippen finden die meinen.

Gott umschließt uns.

Der Beginn unserer unvergessenen
Hochzeitsnacht.

Inspiriert durch:
Das Hohe Lied der Liebe
Meiner Liebe
Die Liebe zu Gott

Verlorene Geschichten

Ich war groß.
Ich war stark.
Ich war schön.

Voller grüner Pracht in der strahlenden Sommersonne.
Ich liebte den Wind, der mir durch mein Kleid rauschte
und mir Geschichten von fernen Ländern erzählte.

Ich freute mich auf jede Jahreszeit.
Umarmte ich die Welt im Frühjahr mit meinen langen Fingern,
und versuchte dabei vergeblich, den blauen Himmel zu berühren.
Jedes Jahr ein bißchen mehr.
Knospe um Knospe ein Stückchen näher.
Ich hätte es bestimmt geschafft.

Brachte ich angenehme Kühle in der Hitze des Sommers.
Jedem schenkte ich einen Platz.
Ob groß, ob klein.
Alle waren mir willkommen.
Auch der Mensch.
So viele Dinge taten sie im Schutze meines Schattens.
Besonders die Verliebten.
Ach, welch erfrischendes Gefühl das war.

Im Herbst war mir immer nach Farbenspielen,
und ich wetteiferte mit meinen Freunden.
Ich war immer einer der Schönsten.
Das könnt ihr mir gern glauben.

Es muß so gewesen sein,
denn eine Bank wurde zu meinen Füßen gestellt
und Kinder sammelten mein Kleid, um es in Büchern zu trocknen.

Seit gestern ist nun alles anders.
Ich friere,
als sei es Winter.

Er war mir immer willkommen,
der Mensch.
Doch diesmal war es anders:
Er raubte mir mein Kleid
und schnitt mir ab meine Arme und Finger.
Nie werde ich mehr den blauen Himmel erreichen können,
kein Eichhörnchen sich jemals wieder hier verstecken kann.

Eine junge Krähe sitzt auf meinen wunden, klebrigen Stümpfen
und beklagt mein Leid
mit ihrer seidig krächzenden Stimme.
Der Wind trägt ihre Trauer hinfort.
Ich hatte ihr viele Geschichten versprochen.

Sie weint,
ich weine mit.
Sie merkt, ich werde nun bald sterben müssen.
Meine Füße,
die weit in den Boden reichen,
sie wurden schwer gehackt.

Mein Blut läuft in den Mutterboden.
Man kann es nicht sehen,
doch kann man es riechen,
liegt der Saft meines auslaufenden Lebens
schwer wabernd in der Luft
und durchtränkt meine sich wandelnde Umgebung.

140 Jahre,
so alt bin ich nun schon.
Mein Schicksal lag in der Hand eines 28-Jährigen,
der in weniger als fünf Minuten sein Urteil über mich *fällte*.
Ich hätte ihm viel erzählen können.
Ich beginne jedoch zu zweifeln,
ob er mich jemals verstanden hätte.

O du schöner blauer Himmel!
Welch Glück du doch hast,
wenn du unerreichbar bist.
So kannst du meine Geschichten aufbewahren,
die ich keinem mehr werde erzählen können.

Welche Richtung?

Wenn ich schließ die Wohnungstür
und verlasse meine Räume,
beweg ich mich dann fort von dir?
Auf den Spuren meiner Träume.

Geh ich Richtung Norden,
wo die Sonne niemals steht,
hab ich Angst und bin voll Sorgen,
daß der Wind dich von mir weht.

Schlag ich Richtung Osten ein,
wo früher Morgen, heller Schein,
dann fühle ich mich dir gänzlich nah,
weiß auch nicht warum, doch ist es wahr.

Wend ich mich dem Süden zu,
wo die Wärme ewig währt,
kann ich nur hoffen, dort bist du,
würde niemals machen kehrt.

Dreh ich mich zum Westen,
o Abendland, ich bin allein,
hoffe stehts zum Besten,
wann kann ich endlich bei dir sein?

Wie weit mag ich von dir getrennt?
Kann die Frage niemals klären.
In meinem Herzen Feuer brennt,
kann mich nicht dagegen wehren.

Doch welches Glück ist mir gegeben,
ist die Welt doch völlig rund.
Kann nie in die falsche Richtung streben,
komm dir irgendwann entgegen
und schenk dir dann,
völlig ergeben,
einen Kuß auf deinen Mund.

Kälte

Kälte kriecht konstant durch meinen Körper.
Auf und ab.
Von Zelle zu Zelle.
Frißt sich von innen nach außen.
Schon nicht mehr zu wärmen mit warmer Wolle.
Haut kann reißen.
Adern zersplittern.
Blut verklumpt und wirkt recht blau.
Ist es der Hauch des Todes,
der mich gerade küßt?
Bewegungen schmerzen.
Stehen oder gehen?
Bin mir nicht schlüssig.
Ohren, Nase und Finger sind gewesen.
Lungenbläschen pressen sich schwer stechend durchs Geäst
und fangen diese an zu brechen.

Kalt,
kälter,
Schmerzen.

Würde alles geben,
was die Welt von mir wollte,
für eine Wanne warmes Wasser.
Duftend, dampfend und schwer schwitzend.

Dort würde ich wie der Wachs einer Kerze
in der Flamme schmelzen
und mich entspannt mit tiefen Atemzügen
zurückfallen lassen können.

Sehe Lichter in der Dunkelheit,
die genau dieses mir versprechen.
Bin ganz nah,
steh schon davor,
doch meilenweit entfernt vom Einlaß.
Verzweiflung,
sie läßt meine Augen sich mit Tränen füllen.
Selbst das Weinen wird mit Schmerz bezahlt.

Wie einsam muß man sein,
daß man sogar erfrieren kann?

Herzschlag
(In inniger Umarmung)

Tief in meiner Seele
seufze ich gnadenlos dahin.
Spüre deinen Herzschlag
(tief in mir drin).

Verloren auf ewig ist mir die Vernunft,
und so schenk ich dir mein ganzes *Sein*.
Spüre deinen Herzschlag
(ich bin grenzenlos dein).

Der Duft deines Körpers,
der mich sanft umgibt,
benebelt mir die Sinne;
Herzschlag
(oh, bitte niemals versieg).

Die Berührung deiner Hände,
sie ziehen mich hinfort,
gänzlich bis ans Ende,
bis zu einem fernen Ort
(wo dein Herzschlag auf mich wartet, dort).

Doch erobert und berauscht
hast du mich mit deiner Stimme.
War ganz leise, hab gelauscht,
hast verzaubert meine Sinne.

So vermischen sich Herzschlag und Klang deiner Worte
und umschließen mich sachte mit deinem *Sein*.
Entführen mich beseelt an verborgene Orte.
Bin allein nur auf ewig dein.

Lippenerkenntnis

Hänge an deinen Lippen.
Warte auf dein nächstes Wort.
Der Fluß an Zärtlichkeiten,
der aus deinem Munde strömte,
kann noch nicht versiegt sein,
darf noch nicht versiegt sein.
Ich harre,
fast zerreißend und fressend,
diese Lautlosigkeit.
Da,
in der Stille,
erhebt sich sanft und flüsternd
aufs neue deine Stimme.
So betörend und zähmend,
daß selbst der Inhalt deiner Worte
alle Macht verloren hat.
Du darfst eine andere Sprache sprechen.
Bist du doch imstande, mir Dinge zu sagen,
die nur aus der Melodie
deiner wohligen Laute bestehn.
Ich lausche.
Tauche ab und berausche mich daran,
um meine Sucht nach dir zu stillen.
Hänge an deinen Lippen.

Das höchste Bündnis

Diese Nacht,
jetzt,
wir gehen das höchste Bündnis ein.
Die Macht der Sterne,
sie sind bereit,
es uns nun heute zu gewähren.

Ich in einem weißen Kleid
und du in Schwarz, als Lord.
Knien wir nieder in einem Kreis aus Stein,
unter freiem Himmel dort
wird man uns finden.
Und die Natur lauscht gespannt
und hält den Atem an.

Zu diesem Bündnis gehört viel Mut,
denn auch der Tod kann uns ereilen.
Doch war ich mir nie sicherer als jetzt,
diesen Schritt mit dir zu teilen,
grenzenlos bei dir verweilen,
um auf ewig dein zu sein.

Ein Kelch, noch leer, wird uns nun binden,
durch die Essenz,
mit welcher er wird gefüllt.

Blut von uns zweien.
Altes,
welches dem Herz schon begegnet,
und Frisches,
noch auf dem Wege dort hin.
Sehe nur noch deine Augen und spiegele mich dort drin.
Ich falle tief in sie hinab und spüre keine Schmerzen.
Nur du allein,
das reine Glück,
wohnst in meinem Herzen.

Darf mich jetzt nicht gehen lassen,
müssen uns noch konzentrieren.
Der Trank ist noch nicht reif,
noch nicht fertig, zum Servieren
braucht es noch jeweils einen Gedanken,
von dir und von mir.
Den schönsten,
der uns zwei verbindet,
und den schlechtesten,
der an uns nagt.
Im Kelch dort alles dann verschwindet,
doch keiner je danach gefragt.

Nun ist das Größte fast vollbracht.
Ich sehe deine starken Hände.
Führst ruhig den Kelch zu deinem Munde,
den Inhalt über deine Zunge,
fließt der Trank nun ungebremst hinab in deinen Körper.

Beobachte dich, habe Angst um dich.
Die andere Hälfte ist für mich.

Nicht ein Gedanke, der mich zögern ließe.
Ich trink ihn aus bis auf den Rest und horche auf mein Innerstes.
Dich hat die Ohnmacht überkommen
und auch ich werd von ihr mitgenommen.

Öffnet sich doch hinterm Ohr,
noch nie auch nur wahrgenommen,
eine Tür, so kommt's mir vor,
und wird durchflutet von Gedanken und Gefühlen,
die sich durch meinen Kopfe wühlen,
um sich einen Platz zu suchen.
Mir scheint jede Ader zu zerreißen,
setzt mein Gehirn unter einen See aus Blut.
Ich geb nach und laß mich fallen.
Denke an die Tiefe deiner Blicke in dieser Flut.

Ich wach auf,
du wartest schon.
Du bist die Ruhe selbst.
Nimmst meine Hand,
um zu vollenden,
was in dieser Nacht ist *eins* geworden.

Unsere Gedanken,
unser Wissen
und unsere Zukunft.

Der Kuß,
der dies Bündnis besiegelt,
bleibt uns unvergessen,
bis zum Tod.

Liebestrunken

Liebestrunken taumele ich aus unserem Bett in den Flur.
Bin noch betäubt von deiner Liebe,
die du mir gerade hast geschenkt.
Werde über den Boden getragen von Händen,
die mich nachhaltig noch berühren und umschlossen halten.
Gehe ins Bad,
nehme die Umgebung jedoch nicht wahr.
Denn meine Gedanken kreisen nur bei dir.
Bei dir,
der du noch im Bett liegst
und auf meine Rückkehr wartest.
Auf meine Nähe und Wärme.
Taumele verträumt zu dir zurück
und lasse mich von dir
und der Wärme des Bettes
wieder verschlucken.

Patt

Ich zehre an dir auf immer und ewig.
Sauge mich fest,
sauge dich aus,
damit ich die letzten Tropfen deines Fruchtfleisches nicht verliere.
Deine Süße reißt mich fort,
doch bleibst du stets in meiner Nähe
und holst mich sanft zurück,
bevor ich mich besinnungslos an dir berauschen kann,
um dir völlig zu entgehen.
Welch wunderbare Folter,
die du mir da schenkst.
Läßt sie meine Lebensstränge prickeln
und mein Herz pulsieren,
wie ein in Panik geratenes Tier.
Doch was letztendlich meinen Geist zerspringen läßt,
ist die Gewißheit:

Ich habe auf dich die gleiche Wirkung!

Tiefe Zuneigung

Tiefe Zuneigung.
Tiefste Zuneigung.

Sein gesamtes Selbst,
was vor Liebe fast zerbirst,
verschenken,
an jemanden,
der genau die gleiche Tiefe empfinden kann
und sich deiner
uneingeschränkten,
grenzenlosen
Liebe bewußt ist.

Es ist das Höchste,
was einem widerfahren kann,
denn dies ist
die Essenz der Existenz
und deines ursprünglichen Seins.

Die reine Liebe!

Ausgepowert und leer,
ich finde keine Worte mehr,
Gefühle sind vorerst ermattet,
bis ihnen ist aufs neue gestattet,
meinen Körper zu bewohnen.
Bis dahin werd ich mich noch schonen.
Ich danke dir für deine Aufmerksamkeit
und:
Träum schön!

Der deutsche lyrik verlag (dlv) ist ein Imprint
der Karin Fischer Verlag GmbH, Aachen

Besuchen Sie uns im Internet:
www.deutscher-lyrik-verlag.de
www.karin-fischer-verlag.de

*Bibliografische Information
der Deutschen Nationalbibliothek*
Die Deutsche Nationalbibliothek verzeichnet
diese Publikation in der Deutschen Nationalbibliografie;
detaillierte bibliografische Daten sind im Internet über
http://dnb.d-nb.de abrufbar.

*Bibliographic information published
by the Deutsche Nationalbibliothek*
The Deutsche Nationalbibliothek lists
this publication in the Deutsche Nationalbibliografie;
detailed bibliographic data is available in the Internet at
http://dnb.d-nb.de.

Originalausgabe · 1. Auflage 2011
© 2011 Tanja Temme
© 2011 für diese Ausgabe Karin Fischer Verlag GmbH, Aachen
Postfach 102132 · D-52021 Aachen
Alle Rechte vorbehalten

Gesamtgestaltung: yen-ka

Die Coverabbildung zeigt das allseits bekannte Bildnis
des Herrn Walther von der Vogelweide
aus der berühmten »Manessischen Handschrift«.

Hergestellt in Deutschland

ISBN 978-3-8422-3999-9